Franz von Liszt

Abhandlungen des kriminalistischen Seminars

Franz von Liszt

Abhandlungen des kriminalistischen Seminars

ISBN/EAN: 9783744718981

Hergestellt in Europa, USA, Kanada, Australien, Japan

Cover: Foto ©Suzi / pixelio.de

Weitere Bücher finden Sie auf **www.hansebooks.com**

Abhandlungen

des

kriminalistischen Seminars.

Herausgegeben

von

Dr. Franz von Liszt,

ord. Professor der Rechte iu Halle a/S.

Vierter Band, 1. Heft.

Dr. Walther v. Hippel, Wasser-Diebstahl.

Berlin SW48
Wilhelmstrasse 119/120.
J. Guttentag, Verlagsbuchhandlung.
1895.

Wasser-Diebstahl.

Von

Dr. Walther v. Hippel.

Berlin SW48
Wilhelmstrasse 119/120.
J. Guttentag, Verlagsbuchhandlung.
1895.

Abkürzungen.

Arn	= Graf von Arnim, Wassergesetz (Heft 4 der deutschen Landwirtschaftsgesellschaft).
Archiv	= Archiv des Kriminalrechts.
B.	= Berner, Lehrbuch des Strafrechts 16. Auflage 1891.
Bg.	= Binding, Handbuch des Strafrechts I. 1885.
Bg. Normen	= Binding, Die Normen und ihro Übertretung 1872.
v. Bar	= v. Bar, Über die rechtswidrige Zueignung beim Diebstahl (Bödikers Magazin für das deutsche Recht IV).
v. Bar. Handb.	= v. Bar. Handbuch für internationales Privat- u. Strafrecht 1892.
Bluntschli	= Bluntschli, Deutsches Privatrecht Bd. I.
Dernburg	= Dernburg, Preufsisches Privatrecht IV. Auflage 1884.
Dickel	= Dickel, Der Thatbestand des Diebstahls 1877.
Egidy	= v. Egidy, Das Verbrechen des Diebstahls 1859.
E.	= Entscheidungen des obersten Gerichtshofes für Bayern.
GA.	= Goltdamer's Archiv für Strafrecht.
GS.	= Gerichtssaal (herausgegeben von Stenglein).
GZ.	= Allgemeine österreichische Gerichtszeitung.
GZ. f. S.	= v. Schwarze, Allgemeine Gerichtszeitung für Sachsen.
H.	= Hälschner, Das gemeine deutsche Strafrecht 1884.
Heinemann	= v. Heinemann, Lehre von der Idealkonkurrenz 1893.
Heinze	= Heinze, Das Verhältnis von Reichs- und Landesstrafrecht 1871.
HH.	= v. Holtzendorff, Handbuch des deutschen Strafrechts 1871/74/77.
HR.	= v. Holtzendorff, Rechtslexikon 3. Auflage 1880/81.
HZ.	= v. Holtzendorff, Allgemeine deutsche Strafrechtszeitung.
JBl.	= Wiener juristische Blätter.
JJ.	= Jherings Jahrbücher für Dogmatik.
J. f. S.	= Neue Jahrbücher für sächsisches Strafrecht.
v. L.	= v. Liszt, Lehrbuch des deutschen Strafrechts 5. Aufl. 1892.
v. L. G.	= v. Liszt, Strafgesetzgebung der Gegenwart I 1894.
Lüder	= Lüder, Vermögensbeschädigung 1867.

Luden	= Luden, Abhandlungen aus dem Strafrecht 1836.
M.	= v. Meyer, Lehrbuch des Strafrechts 4. Aufl. 1888.
MV.	= v. Meyer, Lehrb. des deutschen Verwaltungsrechts 1883.
Meves	= Meves, Die Strafgesetznovelle 1876.
München	= Sammlung der Entscheidungen des Oberlandesgerichts München.
Merkel	= Merkel, Diebstahl und Unterschlagung.
Neubauer	= Neubauer, Zusammenstellung des in Deutschland geltenden Wasserrechts 1881.
Nieberding	= Nieberding, Wasserrecht 1889.
O.	= Olshausen, Kommentar zum Strafgesetzbuch f. das deutsche Reich 4. Auflage.
Opp.	= Oppenhoff, Das Strafgesetzbuch für das deutsche Reich 11. Aufl. 1888.
Ortloff	= Ortloff, Die Strafbarkeitserkenntnis 1891.
OT.	= Oppenhoff, Rechtsprechung des Berliner Obertribunals.
Pernice	= Pernice, Sachbeschädigung 1867.
Pollwein	= Kommentar zum bayrischen Wassergesetz 1890.
RE.	= Entscheidungen des Reichsgerichts, zitiert nach Band und Seitenzahl der von den Mitgliedern des Gerichtshofes herausgegebenen Sammlung.
RR.	= Rechtsprechung des Reichsgerichts in Strafsachen.
RStGB.	= Reichsstrafgesetzbuch.
RSt.	= Rüdorff-Stenglein, Strafgesetzbuch für das deutsche Reich 4. Aufl. 1891.
Randa	= Randa, Das Eigentumsrecht (österr. Recht) 2. Aufl. 1893.
Randa W.	= Österreichisches Wasserrecht von Randa 1893.
Romagnosi	= Romagnosi, Vom Wasserleitungsrecht 1840.
Rubo	= Rubo, Kommentar zum Strafgesetzbuch 1879.
S.	= Schütze, Lehrbuch des Strafrechts 2. Aufl. 1874.
SA.	= Seufferts Archiv.
Schw.	= v. Schwarze, Kommentar zum Strafgesetzbuch für das deutsche Reich 5. Aufl. 1884.
Stemann	= v. Stemann, Das Vergehen der Unterschlagung 1870.
Stenglein	= Stenglein, Strafrechtliche Nebengesetze 1893.
St.	= Stenglein, Zeitschrift für Gerichtspraxis in Deutschland.
Stobbe	= Stobbe, Deutsches Privatrecht 1893.
U.	= Ullmann, Über den Dolus beim Diebstahl 1870.
Villnow	= v. Villnow, Raub und Erpressung 1875.
WR.	= Weiskes Rechtslexikon.
Ziegner	= Ziegner-Gnüchtel, Der Forstdiebstahl 1888.
Z.	= Zeitschrift für Rechtswissenschaft.
Z. v. L.	= Zeitschrift für die gesamte Strafrechtswissenschaft.

§ 1.

Nach § 242 RStGB. ist Objekt des Diebstahls eine fremde bewegliche Sache.

Nach dem überwiegenden Sprachgebrauch des Reichsstrafgesetzbuches ist unter „Sache" eine körperliche Sache zu verstehen, also nicht z. B. Rechte, Maschinenkraft etc. Dieses allgemein anerkannte Begriffsmerkmal wurde früher[1]) mißverstanden und man wollte Luft, Gas und auch Wasser als eine körperliche Sache nicht anerkennen. Demgemäß leugnete man grundsätzlich die Möglichkeit eines Wasserdiebstahls.

Daß diese Auffassung eine irrige war, bedarf keiner besonderen Auseinandersetzung — keiner der drei Aggregatzustände schließt die Körperlichkeit aus[2]) — und man ist jetzt auch vollkommen klar darüber, daß Wasser genau ebenso eine körperliche Sache sei, wie Eis oder irgend ein anderer Gegenstand.[3]) Es würde ja auch den thatsächlichen Verhältnissen geradezu entgegen sein, wollte man den strafrechtlichen Eigentumsschutz dem Wasser versagen, das doch z. B. als Leitungswasser käuflich erworben und als Trinkwasser mühsam auf Berghotels geschafft oder als Heilquelle gefaßt so-

---

[1]) *Schw.* 2. Aufl. § 242. — Vgl. Entscheidung des österreichischen Kassationshofes in J. Bl. 1876. Nr. 21.

[2]) *O.* 872.

[3]) Weiter noch, wie es scheint, *Lueder* 69: „Juristisch ist alles ... eine körperliche Sache, was ohne Recht zu sein, Vermögensobjekt sein kann ... auch wenn die Physik den Begriff zu eng faßte."

gar ein teuer bezahlter Handelsartikel ist! In der Litteratur findet sich denn auch keine entgegenstehende Ansicht mehr und ebenso hat auch die Rechtsprechung [4]) übereinstimmend die richtige Meinung zum Ausdruck gebracht.

Immer wird dabei hervorgehoben, dafs, um Verurteilung wegen Wasserdiebstahls zu begründen, natürlich auch die übrigen Begriffsmerkmale gegeben sein müssen; und während das Erfordernis der „Beweglichkeit", als bei Wasser selbstverständlich vorhanden, unerwähnt bleibt, wird es noch besonders betont, dass das Wasser nicht mehr Gemeingut sein dürfe, als welches es oft erscheint, sondern durch Übergang in das Privateigentum zu einer fremden Sache geworden sein müsse.

§ 2.

I.

Nach § 242 StGB. mufs das Objekt des Diebstahls eine fremde Sache sein, d. h. die Sache mufs im Eigentum eines andern stehen. An herrenlosen Sachen, an res communes omnium und res nullius, ist Diebstahl ausgeschlossen: die Möglichkeit desselben ist erst dann gegeben, wenn die Sachen ihre öffentliche Natur verloren haben und in das Privateigentum übergegangen sind.

Ob dieses der Fall ist, mufs zivilrechtlich untersucht werden; einen andern Mafsstab der Beurteilung gibt es nicht, denn sobald man hinsichtlich der Eigentumsfrage die zivilrechtlichen Grundsätze nicht mehr als mafsgebend behandeln wollte, so würde man damit jeden positiven Boden verlassen und sich im Gebiet willkürlicher Konstruktionen verlieren. [5]) Mit vollem Recht lehnt daher das Reichs-

---

[4]) OT. 9. Jan. 1863. 11. April 1866. St. 8. 179. RE. 14. 121. *Opp.* 19. 61.

[5]) *HH.* III. 694. *v. L.* 414.

gericht[*]) eine Beurteilung „in strafrechtlichem Sinne" ab; ein strafrechtliches Eigentum gibt es überhaupt nicht. Ganz allein entscheidend sind, wie gesagt, für die Eigentumsfrage die Zivilgesetze und zwar in jedem Falle die einschlägigen, sodafs bei örtlicher Verschiedenheit derselben auch eventuell das Ergebnis für das Strafrecht in verschiedenen Gegenden ein anderes werden kann.[7])

So ist denn auch für die vorliegende Frage auf Grund des Zivilrechts zu untersuchen, unter welchen Voraussetzungen denn Wasser im privaten Eigentum steht, wann also überhaupt die Möglichkeit eines Wasserdiebstahls gegeben ist.

In den meisten Fällen wird diese Untersuchung irgendwelchen Schwierigkeiten nicht begegnen.

In abgeschlossenen Reservoirs, in Brunnen, gefafsten Quellen und auch sonst überall, wenn eine Absonderung und Ergreifung stattgefunden hat, steht das Wasser zweifellos in Privateigentum.[8]) Umgekehrt kann bei dem Meere, bei Seeen und natürlich fliefsenden Gewässern von Privateigentum an der Wassermenge als solcher keine Rede sein,[9]) und unbefugte Wasserentnahme könnte sich hier niemals als Wasserdiebstahl qualifizieren. Sehr zweifelhaft dagegen kann diese Frage werden bei den künstlichen Wasserläufen, den Wasserleitungen und Kanälen, und gerade hier ist die Frage nach der Möglichkeit eines Wasserdiebstahls schon öfters von praktischem Interesse geworden, ohne dafs dieselbe eine grundsätzliche Erledigung gefunden hätte.[9])

Steht das Wasser eines Kanals in dem Privateigentum des Kanaleigentümers?

Nach allgemeinen Grundsätzen müfste das Kanalwasser

---

*) 18. Dezember 1883. RR. V. 792.
[7]) *Dickel* 25.
[8]) *Dernburg*. I. § 252 ff.
[9]) JBl. 1876 Nr. 21. *Opp*. 11. 492. GA. 18. 785.

als Teil des Kanals auch unbedingt in dem Eigentum des Kanaleigentümers stehen: anders jedoch bei der eigentümlichen Gestaltung des Wasserrechts. Damit, dafs der Kanal Eigentum z. B. einer Genossenschaft ist, wird zunächst nur gesagt, dafs er ein privater im Gegensatz zu einem öffentlichen sei, keineswegs wird damit das Eigentum an dem Kanalwasser in dem gewöhnlichen Sinne des Zivilrechts bestimmt.[10] Das Eigentum an Gewässern ist eben ein ganz besonderes eigenartiges und nicht identisch mit dem gewöhnlichen Begriff Durch „Eigentum" an Gewässern wird bezüglich des Wassers nur eine gewisse Gestaltung der Nutzungsrechte bestimmt, nicht aber, daran ist festzuhalten, Eigentum in technischem Sinne.[11] Es ergibt sich diese Sondergestaltung des Wasserrechts aus der eigentümlichen Natur des Wassers selbst, welches zunächst des Eigentums unfähig erscheint: solange das Wasser in frei fliefsendem Zustande sich befindet, ist die Welle unfafsbar und entzieht sich dem Privatrecht; sie ist notwendig herrenlos im öffentlichen wie im privaten Flufs Es bleibt daher die Frage, ob Kanalwasser in ausschliefslichem Privateigentum stehe, auch dann noch eine offene, wenn die private Natur des Kanals selbst feststeht; ein anderer Gesichtspunkt kommt hier vielmehr zur Geltung.

Erst durch Einfangen und Beherrschen nimmt man der flutenden Welle ihre eigenartige Natur und läfst sie dem gewöhnlichen Privateigentum unterworfen erscheinen; durch

---

[10] So kann z. B. ein Mühlkanal, der aus einem öffentlichen Flufs kommend eine Mühle treibt und in den Grenzen desselben Müllers in den Flufs zurückkehrt, diesem Grundbesitzer gehören, und doch ist dieser nicht Eigentümer des Wassers, sondern nur Nutzungsberechtigter. Vgl. *Stobbe* I. § 612. A. 44 und die dort Zitierten.

[11] Auch der „Entwurf eines Preufsischen Wassergesetzes von 1894" schafft ein Privateigentum an gewissen Gewässern, aber „ein Eigentum ganz eigenartiger Art, indem er durch andere Bestimmungen dieses Eigentum aller charakteristischen Merkmale entkleidet". *Arnim* S. 2

Okkupation also wird an Wasser, wie auch an andern herrenlosen Sachen, Eigentum begründet.

Auf diesem allgemeinen Grundsatz beruhen auch die
wenigen gesetzlichen Bestimmungen, welche die spezielle
Frage nach dem Eigentum an Kanalwasser regeln,[12]) meistens
ohne jedoch klar zum Ausdruck zu bringen, wann denn
eigentlich eine Okkupation an Kanalwasser vollzogen ist, und
in der Mehrzahl der Staaten fehlt es überhaupt an jedem diesbezüglichen Hinweis. Es bleibt zweifelhaft, ob nur durch
völliges Einschliefsen im Kanal Kanalwasser okkupiert werde,
ob schon durch Aufstauen, oder ob sogar und wann in diesen
Fällen an fliefsendem Kanalwasser Eigentum im technischen
Sinne bestehen kann.

Hierüber ist daher eine Untersuchung anzustellen, die aus-
zugehen hat von dem unzweifelhaft richtigen Satz, dafs die
Okkupation des Wassers thatsächlich vollzogen und rechtlich
zulässig sein mufs, damit Eigentum an ihm begründet werde.

1. Die Okkupation mufs thatsächlich vollzogen sein.

Diese Vollziehung kann keinem Zweifel unterliegen, sobald
das Wasser im Kanal aufgesammelt und durch Schleusen völlig
eingeschlossen ist. Dann würde der überall geschlossene Kanal
ein Reservoir, gleichsam ein grofses Gefäfs darstellen, sodafs
die Okkupation des Kanalwassers eine vollkommene und ganz
zweifellose wäre. Darüber, dafs derartig aufgefangenes und ge-
sammeltes Wasser in dem unbeschränkten Eigentum des
Kanaleigentümers sich befinde, besteht auch völlige Übereinstimmung. Zweifelhafter kann die Okkupation erscheinen,
wenn das Wasser nicht völlig eingeschlossen, sondern nur ge-
staut ist, wie z. B. bei einem Bewässerungskanal, dessen obere
Schleuse offen bleibt, damit sich das Wasser sofort erneuere,
wenn ein Teil des Kanalwassers auf die zu bewässernden

---

12) Vgl. S. 9 f.

Wiesen abgelassen wird. Indessen ist ein Unterschied für die Frage der Okkupation auch hier nicht vorhanden. Solange von dem Wasser nichts abgelassen wird, bleibt das Kanalwasser von dem den Kanal speisenden Gewässer genau so unbeeinflufst, als wenn eine Schleuse zwischen beiden wäre. Das in Leitungsröhren einer städtischen Wasserleitung befindliche Wasser steht sicher im Privateigentum, niemand wird daran zweifeln. Nimmt man den immerhin möglichen Fall an, dafs die Leitung das Wasser eins öffentlichen Flusses ohne Filtration direkt der Stadt zuführt, so kann doch darin kein Unterschied für die rechtliche Beurteilung gefunden werden, dafs das Wasser zunächst in einem Kanal „aufgestaut" ist, ehe es sich in das Röhrennetz verteilt. Also auch Stauung des Kanalwassers stellt eine Okkupation desselben dar. Dann ist es aber auch weiter gleichgültig, wenn bei dem beispielsweise angeführten Bewässerungskanal die Seitenschleusen offen waren und das Wasser sich gleichzeitig aus dem Flufs erneuerte, sodafs es den Kanal durchströmt. Auch dann ist die in jedem Moment im Kanal befindliche Wassermenge okkupiert, das Fliefsen kann daran nichts ändern. Nimmt man an, der bis dahin geschlossene leere Kanal werde mit der oberen Schleuse geöffnet und fülle sich mit dem hereinströmenden Wasser, so geht ohne Zweifel eine Okkupation dieses Wassers vor sich, nicht anders, als wenn man es in einen Topf schöpft oder in ein Reservoir pumpt. Umgekehrt angenommen, der Kanal sei gefüllt und da der Spiegel des ihn speisenden Flusses unter das Niveau des Kanals sank, auch oben geschlossen und die Wiesen werden jetzt seitlich berieselt, so kann es doch nicht dem geringsten Zweifel unterliegen, dafs das in jedem Moment im Kanal befindliche Wasser im Eigentum des Kanaleigentümers verblieben ist. Dann erscheint es aber auch unerfindlich, weshalb bei einer Kombination beider Möglichkeiten, bei einem Durchfliefsen des Wassers durch den Kanal, die rechtliche Beurteilung eine andere werden sollte. Ist das Kanalwasser Privateigentum, wenn die obere Schleuse offen ist; ist es Eigentum, wenn die Seitenschleusen offen sind, so bleibt es auch Eigentum, wenn alle Schleusen gleichzeitig offen sind. Ebenso wie das geleitete Flufswasser, das gegen Bezahlung in die Häuser geführt wird, nicht aufhört Eigentum zu sein, wenn in den Häusern Wasser entnommen wird und dadurch das Wasser im Rohrsystem in Flufs gerät. Ob das Wasser steht oder fliefst, ist also, wie an diesen Beispielen nachgewiesen wurde, für die Frage der Okkupation durchaus gleichgültig.[13])

Wenn nun aber Kanalwasser, wie gezeigt wurde, bald im Eigentum stehend, bald frei erscheinen kann, so braucht man notwendig ein sicheres Kriterium dafür, wann man Okkupiertsein des Wassers annehmen darf. Dieses Kriterium ist die Art der Verwendung des Kanalwassers: ist es nur zum Gebrauch bestimmt, so bleibt es freifliefsend auch in künstlichen Gerinnen, es bleibt die unfafsbare Welle, welche sich der Herrschaft des Privatwillens entzieht, so in dem bereits erwähnten Falle, wenn Kanalwasser eine Mühle treibt. Anders dagegen, wenn das Wasser verbraucht wird und zu diesem Zweck in den Kanal geleitet ist. Dann erst kann man von einem Abfangen, einer Okkupation, einer wirklichen Beherrschung auch des fliefsenden Wassers sprechen, dann erst ist Eigentum an demselben begründet.

2. Dabei ist immer vorauszusetzen, dafs die Okkupation rechtlich zulässig ist, denn sonst wird an dem okkupierten Wasser Eigentum nicht begründet.[14])

Grundsätzlich ist nun allerdings die Okkupation von öffent-

---

[13]) *Romagnosi* VIII. „Eine bestimmte fliefsende Menge im Eigentum eines Privatmanns befindlich ist in Bezug auf das Eigentum wie eine bestimmte nicht fliefsende Menge anzusehen."

[14]) Nach der herrschenden Ansicht wird der unbefugt Okkupierende nicht Eigentümer, sondern die Sache bleibt nach wie vor herrenlos.

lichem Wasser freigegeben, aber der Staat hat im Interesse
der Allgemeinheit das Recht, den Verbrauch des Allgemein-
gutes zu überwachen und zu regeln. Daher ist bei Anlagen, die einen besonders starken Anspruch an das All-
gemeingut machen, der Umfang des Okkupationsrechtes durch
Gesetz oder staatlich zu erteilende Konzession festgesetzt. So
gibt der Staat einem Müller mit der Erlaubnis einen Kanal
zum Mühlenbetriebe abzuleiten, nur ein Gebrauchsrecht, keineswegs aber Okkupationsbefugnis. Auch durch gänzliches Einschliefsen des Kanalwassers könnte dann der Müller nie
Eigentum an demselben begründen.

Die Frage nach der rechtlichen Befugnis fällt daher mit
der thatsächlichen zusammen, ob das abgeleitete Wasser zum
Verbrauch oder Gebrauch rechtmäfsig bestimmt ist. Wenn es
nur gebraucht werden darf, so hat der Ableitende eben kein
Okkupationsrecht und auch völliges Einschliefsen des Wassers
im Kanal begründet kein Eigentum; ist es zum Verbrauch
bestimmt, so ist es im Kanal okkupiert, gleichgültig, ob es
steht oder fliefst.

Als Resultat der Ausführungen ergibt sich demnach: damit an Kanalwasser Eigentum begründet sei, ist es noch nicht
genügend, dafs der Kanal ein privater sei, ist es gleichgültig,
ob das Wasser eingeschlossen, aufgestaut oder fliefsend
ist: entscheidend bleibt immer nur die rein thatsächliche
Frage, ob das Wasser nur als aqua profluens geleitet den
Kanal durchfliefst, oder ob es wirklich abgefangen und be-
herrscht erscheint: Eigentum an Kanalwasser ist
dann begründet, wenn es zum Verbrauch bestimmt ist.

Dieses scheint derjenige Gesichtspunkt zu sein, welcher
in jedem Falle ein rechtlich und thatsächlich befriedigendes
Resultat ergibt und der auch den bestehenden Einzelrechten
gegenüber festgehalten werden kann.

1. Nach gemeinem Recht ist aqua ducta Eigentum des Grundeigentümers oder Servitutberechtigten. Doch nur diejenige aqua ducta, „welche bestimmt ist, aufbewahrt oder ganz oder teilweise erschöpft zu werden". [15])

2. Das Allgemeine Landrecht ist unklar und wirft Privatflüsse mit künstlichen Wasserabzügen zusammen unter dem Namen Kanäle. [16]) Eigentum an dem Wasser besteht nicht. [17]) Das Gesetz vom 28. Febr. 1843 spricht wohl von Privateigentum, beschränkt es aber im öffentlichen Interesse: die Frage nach dem (technischen) Eigentum an dem Wasser wird nicht gelöst, sie ist daher nach den allgemeinen oben ausgeführten Grundsätzen zu entscheiden.

3. Besondere Wassergesetze bestehen in 16 deutschen Bundesstaaten. [18]) Soweit sie die hier interessierende Frage nach dem Eigentum an dem Wasser regeln, ist das Resultat mit dem obigen übereinstimmend.

1. Bayern.

Gesetz über Wasserbenutzung vom 28. Mai 1852.

Art. 33: Zum Privateigentum gehören .. künstliche Kanäle. .

2. Sachsen-Koburg-Gotha.

Gesetze vom 12. April 1859 und 7. Februar 1871.

§ 4. „Das Wasser in den Kanälen gehört dem Kanaleigentümer."

3. Sachsen-Altenburg.

Gesetz vom 18. Oktober 1865.

§ 5. „Kanalwasser, soweit es zum Verbrauch bestimmt ist, steht im Eigentum des Kanaleigentümers."

---

[15]) *Hesse* in J.J. VII. 211.

[16]) *Nieberding* 60.

[17]) A. a. O. 239.

[18]) Vgl. *Neubauer*.

4. Braunschweig.

Gesetz vom 20. Juni 1876 nennt die Kanäle Privatgewässer, versteht damit aber nicht Eigentum im technischen Sinne. Es wird also die interessierende Frage nicht entschieden. [19])

5. Hessen.

Gesetz, die Bäche und nicht ständig fliefsenden Gewässer betr., vom 30. Juli 1887.

Art. 4: Im Privateigentum stehen die zu Privatzwecken künstlich angelegten Wasserläufe und Kanäle.

6. Reufs.

Gesetz, betr. Benutzung des Wassers, vom 6. April 1872.

„Das Wasser in Kanälen, welches zum Verbrauch bestimmt ist, gehört demjenigen, welcher die zur Führung jener Anlage erforderliche Grundfläche oder Servitut erworben hat."

7. Baden.

Gesetz, die Bäche und nicht ständig fliefsenden Gewässer betr., vom 30. Juli 1887.

Art. 4: „Im Privateigentum stehen die zu Privatzwecken künstlich angelegten Kanäle."

Einige Gesetze bestimmen also völlig präzis, dafs nur das zum Verbrauch bestimmte Kanalwasser Eigentum sei, andere sprechen allgemeiner überhaupt von Kanalwasser. Dafs nicht jedes Kanalwasser in Eigentum stehen kann, ist vorher ausgeführt worden; es sind daher zum richtigen Verständnis die allgemeiner gehaltenen Bestimmungen restriktiv zu interpretieren, sodafs man zu dem oben aufgestellten allgemeinen Grundsatz gelangt. Über die Richtigkeit dieser Einschränkung kann bei ihrer sachlichen Notwendigkeit kein Zweifel bestehen und die Litteratur ist über diesen Punkt, soweit er

---

[19]) Z. II. 65.

überhaupt berührt wird, vollkommen einig. Überhaupt sind über die oben behandelte Frage auch in der Rechtsprechung und Litteratur die Ansichten meist grundsätzlich übereinstimmend, ohne jedoch immer mit der nötigen Konsequenz durchgeführt zu sein. [20])

Ganz den oben vertretenen Standpunkt bringt R a n d a [21]) zum Ausdruck, wenn er zu § 4 des österreichischen Wassergesetzes bemerkt: „Was die Kanäle anbetrifft, so sind nur diejenigen [als Privateigentum] verstanden, in welchen das Wasser abgefangen und gleich andern stehenden Gewässern der Herrschaft unterworfen erscheint... Der Gemeingebrauch hört nur auf, wenn das Wasser behufs Verbrauchs abgefangen (okkupiert) wird". [22])

Ob nun Kanalwasser zum Gebrauch oder Verbrauch bestimmt ist, wird auf Grund der thatsächlichen Verhältnisse zu entscheiden sein; kontrovers ist die Auffassung bei den zur Bewässerung dienenden Kanälen.

In dem oben erwähnten Falle [23]) führte die Verteidigung

---

[20]) Vgl. die Entscheidungen in *Seufferts* Archiv 14. 201. und 18. 5, welche die Notwendigkeit einer Okkupation des Wassers zur Eigentumsbegründung betonen. Ferner *Heimbach* in WR. „Jede der Herrschaft des Privatwillens unterworfene aqua perennis gilt als Teil des Privateigentums, gerade so wie Wasser, das mittels eines Gefäfses aus einem Flufs geschöpft wird." GA. 18. 409. „Das in Räumen, welche es absondern, eingeschlossene Wasser". Ferner *Baron* in Z. 1877. S. 77.

[21]) Eigentumsrecht S. 76.

[22]) Den weiteren Ausführungen *Randas* S. 80 kann ich nicht zustimmen. Die Behauptung, dafs Wasserleitungen (Kanäle) nur aus geschlossenen Privatgewässern volles Eigentum an dem Wasser ergeben, kann doch nur so verstanden werden, dafs das eigentümliche Privatwasser auch bei dem Weiterleiten Eigentum bleibe, dafs dagegen bei den Leitungen aus öffentlichen Gewässern die allgemeinen auch von *Randa* ausdrücklich bestätigten Grundsätze der Okkupation Platz greifen. Wie wollte man sonst z. B. das zweifellose Eigentum an Wasserleitungswasser begründen wenn die Leitung öffentliches Wasser unverarbeitet führt? — Übereinstimmend mit dem Text *Pollwein* 38: „Der Ursprung des Wassers ist gleichgiltig."

[23]) GA. 18. 786.

aus, dafs bei einer Rückleitung des Kanalwassers nach der Berieselung, wie sie bei Bewässerungsanlagen die Regel ist, nur ein Gebrauch des Kanalwassers vorliege, nicht ein Verbrauch. Die Okkupation vollziehe sich erst durch das Aufgesogenwerden des Wassers und sei auch nur soweit zulässig. Auf demselben Standpunkt scheint auch das Reichsgericht [24]) zu stehen, den es mit der Verpflichtung des Ableitenden, das nicht verbrauchte Wasser wieder zurückzuführen, begründet: „Wollte man der Ansicht zustimmen, dafs das abgeleitete Wasser in das Eigentum des Ableitenden übergeht und dafs dieser mithin über das nicht verbrauchte Wasser frei verfügen dürfe, so würde von einem Mitbenutzungsrecht des unteren Anliegers [des den Kanal speisenden Flusses] keine Rede sein, sondern lediglich das Belieben des Kanaleigentümers darüber entscheiden, ob er dem letzteren, selbst unter Änderung des natürlichen Wasserlaufes, den Gebrauch des Wassers ganz entziehen wollte. So ist es denn von der Doktrin anerkannt, dafs .. der obere Anlieger wegen seines beschränkten Gebrauchsrechts das von ihm nicht benutzte Wasser dem Flusse wieder zuführen müsse." So unbestreitbar diese Verpflichtung ist, so wenig sind es die übrigen Ausführungen der Entscheidung. Die Verpflichtung zur Rückleitung spricht m. E. keineswegs gegen die Möglichkeit einer Eigentumsbegründung an dem Kanalwasser. Dieselbe soll vielmehr nur eine Garantie darstellen gegen Überschreiten der Okkupationsbefugnis, sie soll verhindern, dafs auf Grund des nicht zu kontrollierenden Rieselbedürfnisses der ganze Wasserlauf verändert wird. Soviel die Wiesen aufnehmen, soviel der Kanal fafst, kann der Betreffende okkupieren, mehr aber nicht und damit er es nicht doch thut, ist er zur Rückleitung verpflichtet. Es kann keinem Bedenken unterliegen, dafs

---

[24]) RE. 8. 138.

der Eigentümer des Kanals diesen füllen und schliefsen darf, um dann in trockener Zeit das Wasser ganz allmählich den Wiesen zuzuführen, gleichviel ob Rückleitungsverpflichtung besteht oder nicht. Dieses Wasser wäre dann doch sicher zu völligem Verbrauch okkupiert und somit Eigentum des Kanalbesitzers. Wenn das Reichsgericht also nur dann Eigentumsbegründung annimmt, wenn der Verbrauch ein völliger ist, dagegen keine Eigentumsbegründung, wenn das Wasser teilweise wieder abfliefst, so ergeben sich daraus sehr bedenkliche Konsequenzen. In trockenen Jahren würde das Kanalwasser, das, kaum genügend um die Wiesen zu sättigen, völlig aufgesogen wird, Eigentum sein, sonst dagegen nicht. Und wollte man einwenden, Ausnahmen könnten an der grundsätzlichen Beurteilung nichts ändern, so genügt es, darauf hinzuweisen, dafs auch stets der Eigentümer nur so wenig ableiten könne, dafs eine Rückleitung fortfällt, — was sicher zulässig ist. Dann würde die rechtliche Natur des Kanalwassers sich also ändern je nach dem Belieben des Kanaleigentümers. Die Unhaltbarkeit dieser Folgerungen leuchtet ein.

Nur einen einzigen Fall wird man sich konstruieren können, in dem das Ableiten kein Eigentum begründen kann, dann nämlich, wenn die Konzession jede Okkupation ausdrücklich untersagt. Wenn abnorme Verhältnisse jedes Aufstauen, Einschliefsen etc. des Wassers verbieten und das Wasser in einem nur durch die erste Anlage geregelten Strom die Wiesen befruchtend in den Flufs zurückkehrt, dann kann von einem Beherrschen des Wassers, von einer Okkupation keine Rede sein; dann würde auch eine (widerrechtlich vorgenommene) Okkupation durch völliges Einschliefsen Eigentum nicht begründen können. Dann fallen auch alle oben erwähnten rechtlichen Unzuträglichkeiten fort und es ist nur konsequent, wenn man hier nur von einem Gebrauch des Wassers spricht; das Wasser bleibt dann thatsächlich aqua profluens und jeder Herrschaft durchaus entzogen: Eigentum ist nicht begründet. Da dieser Fall als in der Praxis kaum vorkommend unberücksichtigt bleiben kann, so ist daran festzuhalten, daſs auch Bewässerung einen Verbrauch des Wassers darstellt, daſs also das zu derselben abgeleitete Kanalwasser als Eigentum des Kanaleigentümers anzusehen ist. [25])

II.

Als weiteres Thatbestandsmerkmal kommt für das Diebstahlsobjekt nach dem Wortlaut des § 242, welcher verlangt, daſs die fremde bewegliche Sache „einem andern" weggenommen werde, noch hinzu, daſs das Wasser zur Zeit der That sich im Gewahrsam jemandes befunden habe und zwar kann dieser Gewahrsam, wie übereinstimmend angenommen wird, nur von einer physischen Person ausgeübt werden, [26]) nicht dagegen von einer Gemeinde oder Genossenschaft. Oft gehören nun aber gerade Kanäle, Leitungen etc. nicht einem einzelnen, sondern Genossenschaften oder Gemeinden, und es wurde dann auch in einem derartigen Falle [27]) von dem wegen Diebstahls Angeklagten der Einwand gemacht, das Wasser stehe im Eigentum der Stadtgemeinde, einer nichtphysischen Person, und sei daher kein Diebstahlsobjekt. Es kann aber gar keinem Zweifel unterliegen und wurde auch völlig zutreffend von dem Reichsgericht hervorgehoben, daſs der Gewahrsam zwar der Gemeinde als solcher zustehe, daſs sie ihn

---

[25]) Selbstverständlich gehören hierin nicht solche Kanäle, welche direkt aus einem nichtprivaten Gewässer in dasselbe zurück oder in ein anderes führen, und aus denen dann seitlich Wasser zur Bewässerung abgeleitet wird. Hier ist im Kanal durchaus keine Okkupation des Wassers erfolgt; dieselbe findet vielmehr erst statt durch das seitliche Ableiten.

[26]) Thatsächliche Innehabung setzt eine menschliche Persönlichkeit voraus. RR. 6. 205. O. 878. M. 650. Anm. 19.

[27]) RR. 6. 205.

aber durch ihre Beamten und Beauftragten ausüben lasse. In solchen Fällen ist dann allerdings der Eigentümer nicht identisch mit dem Gewahrsamsinhaber; aus dem Wortlaut des Gesetzes aber. welches sagt „einem andern“, nicht „dem andern“, folgt,[28]) dafs eine solche Übereinstimmung garnicht gefordert wird. Es können dem Diener Sachen seines Herrn gestohlen werden, dem Dieb die gestohlene Sache, dem Gewahrsamsinhaber Sachen der Genossenschaft.

§ 3.

Nach Erledigung der Frage, in welchen Fällen Wasser überhaupt Diebstahlsobjekt sein kann, wird sich die weitere Anwendung des § 242 meistens durchaus einfach gestalten.

Es ist sicher ein Wasserdiebstahl, wenn jemand aus fremdem Brunnen sich Wasser holt oder aus einer Leitung es sich heimlich ableitet. Ebenso sicher liegt kein Diebstahl vor, wenn ein Müller in fremdem Eigentum stehendes Wasser über seine Mühle und dann in den fremden Kanal zurückführt. Es fehlt hier durchaus an der Absicht rechtswidriger Zueignung und die Handlung ist nach § 242 RStGB. ebenso wenig zu strafen, als wenn der Müller das Triebrad in dem fremden Kanal selbst angelegt hätte. In beiden Fällen ist weggenommen in der Absicht rechtswidriger Zueignung nur die Wasserkraft, die keine „Sache“[29]) und somit auch kein Diebstahlsobjekt ist, nicht dagegen das Wasser selbst.

Dagegen wird der Fall ein durchaus anderer und die rechtliche Beurteilung eine sehr zweifelhafte, wenn der Müller das Wasser nicht wieder zurückleitet, sondern in seinem Mühlbach abströmen läfst, nachdem er dessen erhöhte Triebkraft ausgenutzt hat.

---

[28]) *Rubo* N. 7 zu § 242.
[29]) Vgl. oben S. 1.

In der Litteratur findet sich über diesen speziellen Thatbestand keine einschlägige Behandlung und auch in der Rechtsprechung haben die strafrechtlichen Gesichtspunkte niemals
von den höchsten Gerichtshöfen eine Beurteilung erfahren.
Die deutschen Sammlungen enthalten nur zwei analoge
Fälle. In dem einen fand der österreichische Kassationshof [30])
keinen Diebstahl, da Wasser als solches eine freistehende Sache
und an sich kein Vermögensobjekt sei. Diese Begründung ist
rechtlich völlig unzutreffend, [31]) jedenfalls hatte sie aber zur
Folge, dafs ein Eingehen auf die weiteren Begriffsmerkmale
des Diebstahls überflüssig wurde. Der zweite Fall hat dem
Berliner Obertribunal [32]) vorgelegen. Ein näheres Eingehen
auf die interessierenden Fragen wurde aber auch hier unmöglich, da sich das Obertribunal an die thatsächlichen Fest-
stellungen des Appellationsrichters gebunden sah.

Im Folgenden sollen die allgemeinen Fragen, die sich bei
der Betrachtung derartiger Fälle ergeben, näher erörtert
werden.

§ 4.

Sobald das widerrechtlich abgeleitete Wasser aus einem
zur Bewässerung dienenden Kanal entnommen ist — und dieses
wird bei der die andern überwiegenden Mehrzahl derartiger
Kanäle meistens der Fall sein — so greifen in einzelnen deutschen Staaten Sonderbestimmungen Platz.

1. Preufsen.

Feld- und Forstpolizeigesetz vom 1. April 1880.

§ 31. Mit Geldstrafe bis 150 M. wird bestraft, wer, abgesehen von den Fällen der §§ 321 und 326 RStGB. unbefugt

---

[30]) JBl. 1876. Nr. 21.
[31]) Vgl. oben S. 1.
[32]) *Opp.* 11. 492. ausführlicher noch GA. 18. 785.

das zur Bewässerung von Grundstücken dienende Wasser ableitet....

2. Bayern.

Weder das Polizeistrafgesetzbuch, noch das Gesetz vom 8. Mai 1852 über Ent- und Bewässerung enthalten einschlägige Bestimmungen.

3. Württemberg.

Polizeistrafgesetzbuch vom 27. Dezember 1871.

Art. 35. Mit Geldstrafe bis zu 30 M. wird bestraft:

1) wer durch unbefugtes Wenden oder Schleifen mit dem Pflug, der Egge, Walze oder sonstigen Ackergeräten, sowie durch unbefugte Ableitung des Wassers fremde Grundstücke beschädigt, oder wer Vorrichtungen zur Bewässerung oder Entwässerung unbefugter Weise stört, unbrauchbar macht oder entfernt.

4. Sachsen.

Forststrafgesetz vom 30. April 1873
enthält keine einschlägige Bestimmung.

5. Baden.

Polizeistrafgesetz vom 31. Oktober 1863, ergänzt 1884 und Wasserpolizeiordnung vom 26. Dezember 1876
enthalten keine einschlägigen Bestimmungen.

6. Hessen.

Feldstrafgesetz vom 21. September 1842.

Art. 77. Wer unbefugt, ohne jedoch fremden Grundstücken Schaden zuzufügen, aus Bewässerungsgräben oder Entwässerungsgräben das Wasser auf seine Grundstücke leitet oder es ab- oder zustellt, verfällt in eine Strafe von 1 Gulden 30 Kreuzer.

Art. 51. Wer fremde Grundstücke . . . . durch unbefugtes Öffnen von Schleusen oder Anlegen von Abzugsgräben oder auf sonstige Weise bewerkstelligte Ableitung des Wassers auf fremden Grund und Boden oder von solchem weg ... beschädigt, soll mit 30 Kreuzern bis 3 Gulden bestraft werden. Die Strafe wird verdoppelt, wenn die beschädigten Grundstücke bepflanzt oder eingesät waren.

7. Sachsen-Weimar.

Gesetz zum Schutz der Holzungen, Baumpflanzungen, Wiesen, Felder und Gärten vom 27. Dezember 1870 (war nicht erhältlich).

8. 9. Mecklenburg.

Revidierte Verordnung, betreffend Bestrafung der Feldfrevel vom 2. September 1879.

§ 3. Mit Geldstrafe bis zu 60 M., aushülflich mit Haft bis zu 14 Tagen, wird bestraft, wer unbefugterweise

7) das zur Bewässerung von Grundstücken dienende Wasser ableitet.

10. Oldenburg.

Gesetz betreffend den Forstdiebstahl und die Feld- und und Forstpolizei vom 15. August 1882.

§ 47. Gleichlautend mit Preußen.

11. Braunschweig.

Polizeistrafgesetzbuch vom 27. November 1872.

§ 18. Mit Geldstrafe bis 150 Mark oder mit Haft bis 6 Wochen wird bestraft, sofern nicht das RStGB. Anwendung findet,

12 wer unbefugt

d. das zur Bewässerung fremder Grundstücke dienende Wasser ableitet.

12. Sachsen-Meiningen.

Gesetz vom 23. Dezember 1874, die Bestrafung des Forst-
vergehen sowie der Feld- und Forstpolizeiübertretungen betreffend,

und

13. Sachsen-Altenburg.

Wald- und Feldpolizeibestimmungen vom 24. Dezember 1870
enthalten keine diesbezüglichen Bestimmungen.

14. Anhalt.

Feldpolizeiordnung vom 5. Dezember 1849.

§ 27. Mit Geldbufse von 12 Groschen bis zu 3 Thalern
soll bestraft werden, wer unbefugterweise

4) das zur Bewässerung von Grundstücken dienende Wasser
ableitet.

15. Sachsen-Koburg-Gotha.

Feld- und Forstpolizeigesetz vom 26. Mai 1880 (war nicht
erhältlich).

16. 17. Lippe (Schaumburg).

Feld- und Forstpolizeigesetz vom 6. März 1894 (bez.
28. April 1880).

§ 30. Gleichlautend mit Preufsen.

18. Reufs a. L.

Gesetz vom 29. Dezember 1870, ergänzt am 7. Mai 1879,

und

19. Reufs j. L.

Gesetz vom 27. Dezember 1870, Nachträge vom 17. Juni
1871, 22. Februar 1879 und 20. Dezember 1880,

und

20. Schwarzburg-Rudolstadt.

Gesetz zum Schutz der Holzungen, Baumpflanzungen,
Wiesen, Felder und Gärten vom 27. Dezember 1870,

und

21. Schwarzburg-Sondershausen.

Feld- und Forstpolizeigesetz vom 4. November 1889, enthalten keine einschlägigen Bestimmungen.

22. Waldeck.

Feldpolizeiordnung vom 15. Mai 1885.

§ 37. Mit Geldbufse von 15 Sgr. bis 20 Thaler ist zu belegen, wer unbefugterweise

5) Gräben, Wälle, Rinnen oder andere zur Ab- und Zu-leitung dienende Anlagen beschädigt.

23. Hamburg

hat keine Feldpolizeibestimmungen.

24. Lübeck.

Gesetz, betreffend den Forstdiebstahl und die Feld- und Forstpolizei vom 21. Juli 1894.

§ 41. Gleichlautend mit Preufsen.

25. Bremen.

Feldpolizeiordnung vom 20. Oktober 1887.

§ 23. Mit Geldstrafe von 150 M... wird bestraft, wer, abgesehen von den Fällen des § 366[10] RStGB. Gewässer verunreinigt oder ihre Benutzung in anderer Weise erschwert und verhindert.

26. Elsafs-Lothringen.

Feldpolizeigesetz vom 9. Juli 1886.

§ 30. Gleichlautend mit Preufsen.

In 11 Bundesstaaten ist also das Ableiten von Bewässe-rungswasser als Übertretung eines Feldpolizeigesetzes strafbar, während in den übrigen Staaten die Handlung straflos bleiben müfste, wenn sie nicht den Thatbestand eines Paragraphen des RStGB. erfüllt.

Im Folgenden soll nun nachgewiesen werden, dafs unbe-fugtes Ableiten fremden Wassers behufs Ausnutzung seiner

Triebkraft allerdings nach dem RStGB. zu strafen ist, und
zwar fällt die Handlung, die sich als einen Grenzfall zwischen
den Delikten der Sachbeschädigung und des Diebstahls darstellt, unter den Thatbestand des § 242.

§ 5.

Oben war bereits nachgewiesen worden, dafs Wasser das
Objekt von Eigentumsdelikten bilden kann, dafs es, unter den
erörterten Voraussetzungen, als eine fremde (bewegliche) Sache
im Sinne des § 242 und also auch des § 303 zu betrachten ist.

Als Handlung fordert nun § 242 das „Wegnehmen" der
fremden beweglichen Sache, d. h. — darin stimmt man überein — das Brechen des fremden Gewahrsams und nach der
herrschenden Meinung auch das Begründen eines eigenen Gewahrsams. Diese herrschende Meinung wird nicht geteilt von
Meyer und *Rubo*.

Rubo begründet seine Ansicht, dafs das Gesetz wohl ein
Brechen des fremden, nicht aber ein Begründen des eigenen
Gewahrsams verlange, mit dem Wortlaut des § 242, der „nur
von einem Wegnehmen, nicht aber von einem Ansichbringen" [33])
spreche; und auch *Meyer* hebt ausdrücklich hervor, dafs es
nicht nötig sei, „dafs die Sache von dem Thäter in den eigenen
Gewahrsam gebracht wird." [34])

Die Begründung *Rubos* aus dem Wortlaut des Gesetzes
widerlegt *Olshausen* [35]) durch den Hinweis, dafs „die Wegnahme in der Absicht rechtswidriger Zueignung geschieht."
Es kann daher, wie *Hälschner* [36]) ausführt, keinem Zeifel unterliegen, dafs das Wegnehmen den Erwerb des Wegnehmenden

---

[33]) S. 811.
[34]) S. 656.
[35]) S. 879.
[36]) § 78.

zur Folge haben mufs, da im anderen Fall von der Absicht, sich die Sache zuzueignen, nicht die Rede sein könne.

Meyer unterscheidet 2 Fälle: wenn der Thäter die Sache in seinen Gewahrsam bringen will, so mufs der fremde Gewahrsam gebrochen und der eigene begründet sein, damit der Diebstahl vollendet (die Sache weggenommen) ist. Will dagegen der Thäter die Sache sofort in den Gewahrsam eines Dritten bringen, so genügt das Brechen des fremden Gewahrsams zum vollendeten Diebstahl. Für die Mehrzahl der Fälle stimmt also auch *Meyer* mit der gemeinen Meinung überein, und auf die durchaus willkürliche Ausnahme braucht hier um so weniger eingegangen zu werden, als sie für die Frage des Wasserdiebstahls ein praktisches Interesse nicht haben kann. Für diese ist also unbedingt daran festzuhalten, dafs Wegnehmen Brechen des fremden und Begründen des eigenen Gewahrsams bedeutet.

Durch das Ableiten [37]) des Wassers wird der fremde Gewahrsam an der ausströmenden Menge gebrochen; ist nun aber auch ein eigener Gewahrsam begründet, d. h. [38]) die Möglichkeit, mit Ausschlufs anderer auf das Wasser einzuwirken, die faktische Verfügungsgewalt, hergestellt?

Die thatsächlichen Verhältnisse des jedesmaligen Falles werden auf die Beantwortung der Frage Einflufs haben.

Wenn aus einem fremden Kanal das Wasser mit einem Graben über das eigene Grundstück zu dem betreffenden Wasserlauf, dessen Gefälle verstärkt werden soll, geleitet wird, so kann

---

[37]) In welcher Weise und durch welche Mittel die Wegnahme der fremden Sache erfolgt, ist gleichgültig. Wer sich ein Stück Fleisch durch den Hund aus dem Metzgerladen holen läfst, wer Äpfel in seinen Sack schüttelt, wer Wasser durch Öffnen des Hahns aus dem fremden Rohr in das seinige ableitet, hat weggenommen im Sinne des Gesetzes.

[38]) Bezüglich des äufseren thatsächlichen Verhältnisses stimmt man über den Begriff des Gewahrsams überein. RE. 21. 111. *M.* 649. *H.* II. 284. GS. 35. 335. *Merkel* 645.

die Begründung eines eigenen Gewahrsams nicht wohl bezweifelt werden. Anders dagegen, wenn das fremde Wasser direkt dem neuen Wasserlauf zugeführt wird, wie es z. B. bei Leitungen, die über einen Bach oder Kanal führen, möglich wird. Sobald hier das fremde Wasser aus dem Kanal (der Leitung) herausgelassen wird, um die Kraft des zum Betriebe einer Mühle u. dgl. bestimmten Wassers zu erhöhen, so vermischt es sich mit diesem untrennbar und nimmt notwendig dessen rechtliche Natur an. Derartiges Wasser steht nun, mag es sich um einen öffentlichen oder privaten Fluſs oder Bach, oder um einen Mühlkanal handeln, niemals in privatem Eigentum; [39]) daher wird auch das abgeleitete Wasser mit jenem vermischt gleichfalls zur fliefsenden unfafsbaren Welle. An diesem Wasser hat der Ableitende sicher keinen Gewahrsam: wenn also ein solcher an dem abgeleiteten Wasser überhaupt begründet ist, so kann er es nur sein, ehe das Wasser sein neues Bett erreichte.

Nun verfügt zwar der Ableitende mit Benutzung der physikalischen Gesetze über die abgeleitete Wassermenge in einer Hinsicht, indem er ihr den Weg anweist und sie mit Sicherheit in das neue Gerinne und weiter nach dem Ort der Bestimmung befördert, indessen genügt dieses einseitige Verfügen gewöhnlich doch nicht zum Begriff des Gewahrsams.

Trotzdem ist hier ein Wegnehmen im Sinne des Gesetzes anzunehmen und zwar in allen den Fällen, in denen das Brechen des fremden Gewahrsams ein Vernichten der betreffenden Sache darstellt.

Die hier in Frage kommenden Fälle stehen auf der Grenze zwischen den Delikten der Sachbeschädigung und des Diebstahls, deren Unterscheidung in der Litteratur eine durchaus bestrittene ist. Um das Resultat der

---

[39]) Vgl. oben S. 8.

folgenden Untersuchung voranzustellen, so u n t e r s c h e i d e n
sich diese Grenzfälle in der Handlung überhaupt
nicht, das einzig sichere Kriterium ist vielmehr
die Willensrichtung, welche die vom Thäter vorgenommene Zerstörung erkennen läfst.

Das Bestreben, schärfere Unterscheidungsmerkmale heraus-
zufinden, ist wiederholt in der Litteratur zum Ausdruck ge-
kommen, ohne dafs jedoch die aufgestellten Formulierungen
bei konsequenter Durchführung sich haltbar erweisen.

Drei Gruppen lassen sich erkennen.

Manche [40]) wollen streng daran festhalten, dafs das Wegnehmen, das von den anderen Akten zeitlich getrennte Begründen eines eigenen Gewahrsams, den Diebstahl von der Sachbeschädigung unterscheide. Sie leugnen also in den oben erwähnten Fällen, in denen das Brechen des fremden Gewahrsams zugleich ein Vernichten der Sache darstellt, eine „Wegnahme" im Sinne des § 242. Trotzdem ist diese Annahme
aufrecht zu erhalten.

Es fallen hier die gewöhnlich zeitlich getrennten einzelnen
Akte der deliktischen Handlung — Brechen des fremden Gewahrsams, Begründen des eigenen, Verfügen über die Sache —
notwendig in einen einzigen zusammen und es ist daher nicht will-
kürlich, sondern nur der Natur der Sache entsprechend, wenn
man in solchen Fällen auf die zeitlich von den anderen Akten
getrennte Begründung eines eigenen Gewahrsams verzichtet.

Auch das praktische Bedürfnis weist auf diese Annahme hin
und man kann sich zu ihrer Begründung auf die Worte be-
rufen, mit denen *v. Bar* eine juristische Konstruktion verteidigt:
sie sei dann richtig, wenn sie in ihrer Anwendung zu Resul-
taten führt, die dem sittlichen Volksbewufstsein möglichst
entsprechen und wenn umgekehrt die entgegengesetzte An-

---

[40]) *H.* 299. *Ullmann* 71.

sicht zu Ergebnissen hinleitet, die sich von der herkömmlichen Volksanschauung, dem Rechtsbewufstsein, wie es im Volke nun einmal lebt, mit Entschiedenheit abheben. [41]) Im Folgenden soll die Notwendigkeit der obigen Anschauung kasuistisch dargelegt und auf die praktisch unmöglichen Resultate der gegenteiligen Auffassung hingewiesen werden.

Anerkanntermafsen ist Verbrennen von heimlich zum Verbrauch abgeleitetem Gas Diebstahl. Durch das Ableiten ist Wegnahme erfolgt. Meistens wird nun allerdings der Fall so liegen, dafs das Gas aus den fremden Röhren zunächst in eigene gelangt, sodafs also durch diese ein Gewahrsam begründet ist. Dieser Umstand kann aber nicht entscheidend sein. Wenn die Brennspitze unmittelbar an dem durch den Raum des Diebes führenden Rohr angebracht wäre, sodafs erst durch das Verbrennen eine Gasentnahme erfolgte, so müfste man doch auch hier Diebstahl zugeben, obgleich ein Gewahrsam an dem abgeleiteten Gas erst unmittelbar durch das Anstecken hergestellt sein kann.

Ferner begründet nach gemeiner Meinung [42]) das Weiden der eigenen Kühe auf fremder Weide den Thatbestand des Diebstahls. Auch hier ist doch eine Gewahrsamsbegründung erst unmittelbar im Moment des Abfressens gegeben, der auch im gleichen Moment wieder aufhört. Oder sollte eine thatsächliche Herrschaft vorhanden sein im Maul und Magen des Viehs?

Diebstahl ist das Austrinken fremder Weinflaschen. Hier kann man allerdings Gewahrsam annehmen, sobald die Flasche ergriffen ist. Wenn der Dieb sich aber den Wein aus dem Stückfafs durch den Krahn in den Mund laufen läfst, sollte das nicht Diebstahl sein? Und kann man sich einen Fall

---

[41]) Vgl. auch *Jhering*, Scherz und Ernst im Recht S. 307. (Das abstrakte Denken ist durch das kasuistische zu kontrolieren.)

[42]) A. M. nur *Opp.* 554.

denken, wo faktische Verfügungsgewalt über die Sache so völlig ausgeschlossen ist, wie an verzehrten Speisen? Will man hier nicht Gewahrsamsbegründung annehmen in dem Moment, in dem der Wein getrunken wird, so ist eine solche überhaupt nicht vorhanden: der Wein ist nicht weggenommen, die Handlung wäre kein Diebstahl.

Ferner sei noch das Aufbrennenlassen von Feuerwerkskörpern erwähnt, bei dem das allmähliche Zusammenrücken der beiden Akte des Wegnehmens, des Brechens des fremden und des Begründens des eigenen Gewahrsams, besonders anschaulich wird.

Wenn A. eine Rakete sich verwahrt hat und B. nimmt ihm diese fort und brennt sie ab, so ist dieses anerkanntermafsen Diebstahl.[43]) Wenn die Rakete bereits aufgestellt war, um am nächsten Tage benutzt zu werden und B. holt sie in seinen Garten und brennt sie ab, um seinen Gästen eine Freude zu machen, so ist auch diese Handlung Diebstahl. Wenn nun der Garten, in dem die Rakete von A. aufgestellt ist, auch für den Nachbarn der geeignete Platz zum Abbrennen eines Feuerwerks ist und er bringt die Rakete nur einige Schritte weiter, ohne sie aus dem Garten zu entfernen, so ist das Wegnehmen natürlich auch Diebstahl. Und wollte man dann einen Unterschied für die rechtliche Beurteilung behaupten, wenn B. die Rakete weiter garnicht anfafst, sondern an dem Platz, wo sie aufgestellt ist, als dem passendsten beläfst, mit dem Zünder berührt und aufsteigen läfst? Ehe er aber die Rakete ansteckt, hat B. sicher keinen Gewahrsam an derselben und in demselben Augenblick, in dem er durch Berühren mit dem Zünder den fremden Gewahrsam bricht, ist die Rakete auch schon der eigenen Verfügungsgewalt des B. so intensiv, wie nur denkbar, entzogen.

---

43) v. L. 417.

Trotzdem ist in diesem, wie in den vorher angeführten
Fällen „gestohlen", und es würde jedem richtigen Gefühl un-
begreiflich sein, wenn man hier Diebstahl leugnen wollte.
Die sonst zeitlich getrennten Akte fallen hier eben in einen
einzigen zusammen; nur von diesem Standpunkt aus kommt
man zu dem notwendigen Resultat, während nach der gegen-
teiligen Anschauung ganz gleichgültige Modalitäten in der
Ausführung tiefgreifende Unterschiede begründen müfsten.
Das Zerschlagen einer Vase wäre Sachbeschädigung, das
Hinabschleudern auf die Strafse Diebstahl; das Trinken von
Wein aus einem Glase wäre Diebstahl, aus dem Krahn eines
Fasses Sachbeschädigung. Der Hinweis auf diese Folgerungen
dürfte genügen. —

Andere [44]) suchen die gewinnsüchtige Absicht als Kriterium
zu benutzen. Abgesehen davon, dafs objektiv sichere Resultate auch hiermit nicht erzielt werden, so ist diese Anschauung
unvereinbar mit dem reichsrechtlichen Begriff des Diebstahls.
„Die Kontroverse über das Erfordernis einer gewinnsüchtigen
Absicht beim Diebstahl kann als erledigt angenommen werden." [45]) —

Schliefslich leugnen manche den Diebstahl prinzipiell, sobald die Sache weggenommen ist, um sie zu zerstören, weil
es hier immer an der Zueignungsabsicht fehlen müsse.
Was ist Zueignungsabsicht?

§ 6.

Zueignen heifst nach dem Sprachgebrauch Herstellen von
Eigentum an einer Sache. Nun ist es klar, dafs ein Dieb

---

[44]) *v. Bar, Meyer.*
[45]) RSt. 524. — Ebenso die neueste RE. 25. 174. — Auch die Behauptung *Meyers*, dafs wenigstens „im Falle gewinnsüchtiger Absicht
immer Diebstahl anzunehmen sei", widerlegt *Merkel* 652 Anm. 9. mit
dem Hinweis auf die analoge Behandlung der Unterschlagung und des
furtum usus.

nicht legaler Eigentümer werden kann, dafs ihn die Rechtsordnung daran hindert. Dieses weifs er auch und beabsichtigt es natürlich nicht. Er will vielmehr Eigentum, soweit es eben möglich ist, also generelle Herrschaft über eine Sache, wenn auch notgedrungen ohne rechtliche Sanktion. Daher bedeutet „Zueignen" im Sinne des Gesetzes Begründen genereller Herrschaft mit Eigentümerwillen.

Zwei Elemente enthält also der Begriff: ein äusseres, die Handlung, welche die generelle Herrschaft herstellt und ein inneres, subjektives, welches die Handlung als solche will. Beide sind untrennbar mit einander verbunden, jedes nur soweit zu beachten, als es in dem anderen zu Tage tritt. Ein und dieselbe Handlung kann „Zueignen" sein oder nicht, je nachdem der Wille vorhanden ist, und umgekehrt ist der Herrscherwille nur denkbar in bezug auf thatsächliche Verhältnisse. Dabei ist zu beachten, dafs nicht erst die Absicht, sich die Sache zuzueignen, ein subjektives Moment bringt, dafs vielmehr ein solches schon in dem Begriff „zueignen" selbst liegt. Zueignen bedeutet nicht schlechthin eine blofse Thätigkeit, sondern bringt gleichzeitig eine bestimmte Willensrichtung zum Ausdruck: Zueignen ist nicht „Herstellen genereller Herrschaft" schlechthin, sondern Herstellen genereller Herrschaft, die man als thatsächliches Eigentum will. Folglich ist die Absicht rechtswidriger Zueignung = die Absicht, ein Verhältnis herzustellen, das man als thatsächliches Eigentum will. Es ist durchaus daran festzuhalten, dafs das schon im Begriffe „zueignen" liegende sukjektive Moment nicht identisch ist mit der „Zueignungsabsicht". Das erstere, das man als die diebische Absicht insofern bezeichnen kann, als es die vom Diebe gewollten Endziele bezeichnet, ist gerichtet auf Ausübung des Eigentums, die Zueignungsabsicht ist gerichtet auf Herstellen eines Verhältnisses, das diese Ausübung ermöglicht. Es ist unzutreffend, wenn gesagt wird, die Zueignungsabsicht sei gerichtet auf Ausübung des Eigentums: der Wille des Diebes geht allerdings dahin, die Zueignungsabsicht ist aber die Absicht, welche Herstellung eines faktischen Eigentums will. Nur wenn man diesen Unterschied festhält, lassen sich die Begriffe scharf scheiden.

So ist es durchaus richtig und kein Widerspruch, wenn *ron Liszt* sagt: der Dieb „will Ausübung des Eigentumsinhalts" und weiter die Zueignung definirt als die „Herstellung eines Verhältnisses, welchem nur die rechtliche Anerkennung fehlt, um Eigentum zu sein" d. h. Herstellung der Möglichkeit, den Eigentumsinhalt auszuüben.

In der übrigen Litteratur wird der Unterschied oft nicht klar durchgeführt, wenn auch die Ansichten bezüglich des in: dem Begriffe „Zueignen" liegenden inneren Moments durchaus übereinstimmen.

Am prägnantesten gibt *Binding* den Begriff wieder, wenn er die diebische Absicht charakterisiert als auf Herstellung gerichtet „eines thatsächlichen Eigentums wider Willen des Rechts." [46]) Völlig übereinstimmend *Ullmann* [47]): der Dieb „will über die Sache wie ein Eigentümer verfügen"; ebenso der Dieb „will den Gesamtinhalt derjenigen Befugnisse ausüben, welche der Eigentümer ausübt", [48]) er will „thatsächlich die volle praktische Ausübung des Eigentums", [49]) „alle Rechte eines Eigentümers ausüben können", [50]) „ohne Eigentümer zu sein, gleich einem Eigentümer über die Sache verfügen", [51]) „die Sache wie ein Eigentümer haben", [52]) „als Eigentümer über die Sache verfügen." [53])

---

[46]) Normen II. 545.
[47]) 64.
[48]) Z. I. 256. (*John*).
[49]) *Dickel* 54.
[50]) *Opp.* 556.
[51]) *H.* II. 291. RSt. 552.
[52]) *Berner* 501.
[53]) RE. 13. 88.

Ganz übereinstimmend sind auch die Definitionen, nach denen die Absicht des Diebes darauf gerichtet war, die Sache „in sein Vermögen zu bringen."[54]) Hier bedeutet Vermögen die Gesamtheit der thatsächlichen Verfügungsgewalt eines Eigentümers: es wird auch hier nur dasjenige Verhältnis zur Sache bezeichnet, dem nur die rechtliche Anerkennung fehlt, um Eigentum zu sein.[55])

Der Kern sämtlicher Definitionen ist immer derselbe: der Zueignungswille ist gerichtet auf thatsächliches Eigentum. Daraus folgt für die äußere Seite des Begriffs unmittelbar, daß die Zueignungshandlung bestehen muß in der Verwirklichung des charakteristischen Willens: der Dieb will faktischer Eigentümer sein, daher sich die Sache zueignen, d. h. das faktische Eigentümerverhältnis herstellen.

In der Herstellung des Eigentümerverhältnisses also, nicht in seiner Ausübung besteht das Zueignen. Dieser Unterschied wird bisweilen verkannt und Zueignungshandlung eine Handlung genannt, die nur einen Ausfluß der vollzogenen Zueignung darstellt. Es ist unzutreffend, wenn z. B. *Merkel*[56]) sagt: „Zerstören und Beschädigen sind keine Arten der Zueignung", und dann in der Anmerkung fortfährt: „*Berner* meint, der Thäter habe sich doch die Sache vor der Zerstörung zueignen müssen. Er identifiziert also die Aneignung mit der Wegnahme." Die Aneignung konnte in der That mit der Wegnahme zusammenfallen; es ist sehr gut möglich, daß Gewahrsamsbegründung und Zueignung sich durch dieselbe Handlung vollziehen: dasjenige, was ein „mehr" darstellt gegenüber dem Wegnehmen ist dann ein inneres Moment, der Wille Eigentümer zu sein, während der Wille des Gewahrsamsinhabers durchaus nicht soweit geht. Zerstören und Be-

---

[54]) St. 1. [55]) *v. Bar* 16. 18.
[55]) So stellt *H.* beide Definitionen nebeneinander; ebenso *v. Bar* Handbuch 340. RR. 4. 587. GS. 35. 522.
[56]) S. 649.

schädigen sind natürlich keine Aneignungsakte, ebensowenig wie Verschenken, Verbrauchen u. dgl., wohl aber kann auch zerstörende Thätigkeit Eigentümerwillen beweisen.⁵⁷)

Nun kommt es sehr häufig vor, dafs eine Sache weggenommen und in ein ausschliefsliches Eigentumsverhältnis gebracht wird, die äufsere Seite der Zueignung also vorhanden ist, während der diesbezügliche Wille fehlt. So ist z. B., wenn jemand eine fremde Uhr einsteckt und fortgeht, die generelle Verfügungsgewalt begründet und es kommt nur darauf an, dafs Zueignungswillen diese Handlung diktierte, damit vollendete Zueignung vorliegt.

Ob dieser Wille aber fehlt, ist in solchen Fällen dann nur aus den darauf folgenden Handlungen des Thäters zu entnehmen, durch welche er deutlich zeigt, dafs die Handlung als Zueignung nicht gewollt war, also auch keine ist. So, wenn jemand eine Uhr nur während einer bestimmten Arbeit benutzte und dann wiedergibt. Nur dieses nachfolgende Wiedergeben läfst die Willensrichtung verstehen und die Zueignung als scheinbare erkennen. Wenn dagegen der Thäter die Uhr für sich verkauft, so zeigt er hiermit deutlich seinen Zueignungswillen und es ist zu erkennen, dafs das vorher vorhandene Eigentumsverhältnis als solches gewollt war. Keineswegs ist aber der Verkauf die Zueignungshandlung; während Zueignen Herstellen von thatsächlichem Eigentum bedeutet, · ist der Verkauf ein Aufgeben des Eigentums, also gerade das Gegenteil. Um den Unterschied nochmals an diesem Beispiel zu betonen: der Verkauf ist zwar ein Ausüben des Eigentumsverhältnisses und dieses wollte der Dieb; die Zueignungsabsicht ist die Absicht, das Eigentumsverhältnis herzustellen, um es auszuüben, hier also die Absicht, die Uhr wegzunehmen,

---

⁵⁷) S. unten S. 34. — Ganz übereinstimmend *M.* 209. „Die Zueignung folgt nicht dem Wegnehmen nach, sondern dieses ist selbst Zueignung, wenn es in der entsprechenden Absicht verübt wird."

um sie zu verkaufen. Zueignung ist also nicht der Verkauf, sondern diese war schon vorher vollzogen, der Verkauf eine erst durch sie ermöglichte Handlung und damit gleichzeitig ein Beweis für ihr Vorhandensein.

Die thatsächliche Seite der Zueignung konnte nun von vorneherein nicht zweifelhaft sein, es bildete also der Verkauf den Beweis für den vorhandenen Zueignungswillen.

Also nicht aus der Zueignungshandlung selbst war die Zueignungsabsicht zu entnehmen, sondern erst aus einer auf diese folgenden Verfügung über die Sache. Und zwar nicht aus irgend einer beliebigen Verfügung, sondern aus der letzten, die mit der Sache vorgenommen wurde; alle dazwischenliegenden bleiben irrelevant aus demselben Grunde, wie die Zueignungshandlung selbst, weil die schliefsliche Verfügung immer noch eine gänzlich abweichende Willensrichtung dokumentieren kann. Da ferner nur diejenige Absicht beachtet werden kann, welche der Thäter im Augenblicke der That hatte und alle nachfolgenden Änderungen unberücksichtigt bleiben, so können nur diejenigen Handlungen in Beurteilung gezogen werden, welche der Vorsatz des Thäters umfasste und von diesen wieder, wie ausgeführt, als entscheidend die letzte.

Zueignungsabsicht ist also dann vorhanden, wenn die vom Thäter vorgesetzte endgültige Bestimmung über die Sache den Willen dokumentiert, als Eigentümer über dieselbe zu verfügen.

Es gibt nun Fälle, in denen wohl eine Verfügung über die Sache festgestellt werden kann, die evident einen Eigentümerwillen dokumentiert, in denen dagegen eine dieser Verfügung vorangehende Eigentumsbegründung, eine eigentliche Zueignung, nicht zu erkennen ist, z. B. bei dem Verzehren von Nahrungsmitteln an Ort und'Stelle. Hier scheint es daher zunächst unzulässig, von einem Zueignen zu sprechen, von einem Herstellen eines thatsächlichen Eigentums, während

doch gerade jedes Eigentum vernichtet wird. Indessen haben
hier dieselben Erwägungen Platz zu greifen, die schon bezüglich der Gewahrsamsbegründung als berechtigt nachgewiesen wurden. Es fallen hier nur die einzelnen Akte zusammen, sodafs nur der letzte deutlich hervortritt, derjenige,
mit welchem über die Sache wie über Eigentum verfügt wird.
Von diesem aus kann man schliefsen, dafs, wenn eine derartige
Eigentümerhandlung vorgenommen ist, ein Verhältnis doch begründet gewesen sein mufs, als dessen Ausflufs die Handlung
erst erscheint.[58]) Es ist daher allgemein als richtig anerkannt
worden in derartigen Fällen, in denen eine Eigentumsbegründung nicht zeitlich getrennt konstatiert werden kann, ein Zusammenfallen der einzelnen Akte und damit die begründete
Zueignung anzunehmen, wenn nur die Verfügung über die
Sache ein thatsächliches Eigentumsverhältnis beweist.

Als Resultat ergibt sich daher, dafs einzig
und allein dadurch Zueignungsabsicht erkannt
werden kann, wenn man die Willensrichtung
untersucht, welche die vom Thäter vorgesetzte
endgültige Verfügung über die Sache erkennen
läfst; diese ist beweisend, auch wenn eine eigentliche Zueignung
nicht zu erkennen ist; nur dann und immer dann ist durch Wegnehmen einer Sache ein Diebstahl begangen, wenn jene Verfügung den Willen des Thäters dokumentiert, über die Sache als
Eigentümer zu verfügen. — Damit ist das bereits erwähnte
sichere Grenzmerkmal gegenüber dem Delikt der Sachbeschädigung gegeben, dem sich die Diebstahlsfälle, in denen die
Sache weggenommen und zerstört wird, so ungemein nähern.
Erscheint die Zerstörung als eine Eigentümerhandlung, so
ist nach § 242 zu strafen, gleichviel ob eine Gewahrsamsbegründung und eine Begründung thatsächlichen Eigentums,
eine — so zu sagen — reguläre Zueignung, zeitlich unter-

---

[58]) Anders „Ansichbringen" in § 259 StGB. vgl. RE. IX. 199.

schieden werden können oder nicht. Erscheint die Zerstörung nicht als Eigentümerhandlung, so ist § 303 anzuwenden. Welche Handlungen Eigentümerhandlungen sind, läfst sich generell nicht sagen: in jedem Fall ist der in der Zerstörung hervortretende Wille zu untersuchen; dieser allein kennzeichnet die deliktische Handlung als Diebstahl oder Sachbeschädigung.

Es ist daher auch kein neues Unterscheidungsmerkmal, wenn *v. Liszt, Olshausen* u. a. bei Verbrauch der Sache Diebstahl annehmen wollen, Sachbeschädigung dagegen bei Zerstörung derselben.

Verbrauch und Zerstörung sind Arten der Vernichtung der Substanz, die sich nicht absolut, sondern relativ von einander unterscheiden. Man kann nicht von einer Handlung ein für alle Mal sagen, sie sei Zerstörung oder Verbrauch sondern ihr Charakter wechselt nach der der Handlung zu Grunde liegenden Willensrichtung.

Auch die bestimmungsgemäfse Konsumtion der Sache kann Mittel der Sachbeschädigung sein,[59]) und umgekehrt kann eine Handlung, die für den Eigentümer Zerstörung bedeutet, für den Wegnehmenden Verbrauch sein. Wer in einem kalten Winter eine hölzerne Bank wegnimmt und verbrennt, verbraucht sie. Auch bei demselben Thäter erscheint dieselbe Handlung bald als Verbrauch, bald als Zerstörung. Wer eine Rakete wegnimmt und sie später abends zu seinem Vergnügen steigen läfst, verbraucht sie; wer sie am hellen Tage ansteckt dem Eigentümer zum Ärger, zerstört sie.

Um also eine Handlung als Verbrauch oder Zerstörung bezeichnen zu können, mufs man notwendig auf die der Handlung zu Grunde liegende Willensrichtung zurückgehen, nur diese ist entscheidend.

---

[59]) *Lueder* 59.

Es enthält also diese Unterscheidung von Verbrauch und Zerstörung nicht etwa ein neues Unterscheidungsmerkmal, sondern bringt nur den oben vertretenen Standpunkt sprachlich zum Ausdruck.[60])

Diebstahl und Sachbeschädigung unterscheiden sich also in den Grenzfällen nicht durch die Handlung als solche, sondern nur aus der der Handlung zu Grunde liegenden Willensrichtung ä fst sich die Natur des Delikts feststellen.

Es ist nicht zu leugnen, daſs eine derartige Unterscheidung nur durch die subjektive Seite des Delikts für eine so wichtige Frage Bedenken erregen kann. Handelt es sich doch hier nicht um eine rein theoretische Erörterung, auf Grund welches Paragraphen des Strafgesetzbuches die sicher verwirkte Strafe ausgesprochen werden soll, sondern — abgesehen von den verschiedenen Strafrahmen der §§ 242 und 303, von denen § 242 nur Freiheitsstrafe kennt — ist es vollkommen richtig, wenn v. Bar auf den tiefgehenden Unterschied hinweist, den die Verurteilung wegen Sachbeschädigung und Diebstahl in der Volksüberzeugung ausmacht. Diese hält sich nun einmal an die Bezeichnung des Deliktes, welches dem Verurteilten zur Last gelegt ist, und nicht an das leicht vergessene Strafquantum. Wer wegen Diebstahls verurteilt ist, gilt ihr fortdauernd als unehrlicher Mann.

Aber gerade diese Thatsache, daſs der Diebstahlsbegriff so ungemein scharf empfunden wird, läſst den Mangel eines objektiven Maſsstabes weniger bedenklich erscheinen. Zwar wird die Feststellung der Willensrichtung des Thäters nicht immer ganz leicht sein, jedenfalls ist sie aber, wie gezeigt,

---

[60]) Hiermit übereinstimmend *Opp.* 557. „Zueignung, wenn jemand die Sache zerstört zur Bethätigung seines Willens, über die Sache als sein Eigentum zu verfügen.“ Ebenso *Villnow* 17. *Lueder* 70. RE. 11. 289. RR. 4. 587. *Egidy* 22.

das einzig mögliche Kriterium, und sorgsame Erwägung wird
auch hier zum Ziele führen — das alte „in maleficiis voluntas
spectatur" ist ein gar richtiger und wichtiger Satz! —

Wenn nun bei dem Diebstahl die Absicht des Thäters
im Gegensatz zur Sachbeschädigung nicht sowohl darauf gerichtet ist, nur beschädigend in das fremde Vermögen einzu-
greifen, die Sache dem andern zu nehmen, ihn um dieselbe zu
bringen, sondern wenn vielmehr die Wegnahme von dem Thäter
in der Absicht geschieht, über die Substanz der Sache, wenn
auch durch Zerstörung derselben, zu verfügen, so wird man
mit Sicherheit immer dann diebische Absicht annehmen, wenn
der Wegnehmende durch Zerstörung (Verbrauch) der Sache
diese oder ihre Teile vor oder nach der Zerstörung ökonomi-
schen Zwecken dienstbar macht. Schärfer wie irgend eine
andere, dokumentiert eine derartige Verfügung den Willen,
sich die Sache dienstbar zu machen, über sie in eigenem
Interesse zu verfügen: den Eigentümerwillen.

So auch, wenn das fremde Wasser abgeleitet wird, um
seine Triebkraft auszunutzen.

Wenn auch das fremde Wasser durch das Ableiten vernichtet wird, so ist dieser Umstand doch keineswegs der
den Ableitenden bestimmende. Der Eingriff in das fremde Vermögen geschieht nicht um der Verletzung als solcher willen,
sondern um sich an Stelle des Eigentümers zu setzen und das
Wasser zum eigenen Vorteil zu verwenden. Man kann dem
nicht entgegensetzen, der Ableitende benutze nur die Triebkraft, er verbrauche das Wasser aber nicht. Allerdings verbraucht er es und zwar deshalb, weil er nur auf diese Weise
den beabsichtigten Gebrauch ermöglicht. An diesem Faktum
ändert es nichts, daſs er nur eine einzelne Eigenschaft der
Substanz verwendete. Er kann aber diese einzelne Eigenschaft nur dadurch benutzen, daſs er das Wasser verbraucht,
weiſs das, will das auch. Ebensowenig kann man einwenden

es handele sich gar nicht um einen Verbrauch, das Wasser sei gerade so gut Wasser wie vorher, nur der Verfügungsgewalt entzogen. Ob chemisch untersucht, das abgeleitete Wasser noch vorhanden ist, bleibt selbstverständlich irrelevant. Nach den Begriffen des gewöhnlichen Lebens ist es ebenso völlig vernichtet, als wenn es von der Erde aufgesogen oder verdampft ist.

Es ist daher nicht zu bezweifeln, dafs ein derartiges Ableiten von Wasser in ein anderes Bett, um die dadurch erhöhte Triebkraft dieses Wasserlaufs auszunutzen, den charakteristischen Willen des Ableitenden dokumentiert, wie ein Eigentümer über dasselbe zu verfügen, und auf Grund obiger Ausführungen ist die Handlung daher als Diebstahl des Wassers zu betrachten.

§ 7.

Abgesehen von den Erörterungen der vorigen Paragraphen, die mehr spezielle Thatbestände betrafen, bietet sich für die Behandlung des Wasserdiebstahls eine grundsätzliche ganz eigenartige Schwierigkeit in der subjektiven Seite des Deliktes, dem Vorsatz.

Der Dolus bei dem Diebstahl, als vorsätzlichem Delikt,[61]) besteht im Wissen und Wollen sämtlicher Begriffsmerkmale. Er ist[62]) ein Doppelvorsatz, der sich zusammensetzt aus dem Willen bewufst widerrechtlicher Aneignung einer Sache und bewufst widerrechtlicher Wegnahme der Sache aus fremdem Besitz.

Der Thäter mufs daher das Bewufstsein haben
1. die Sache wegzunehmen, [63])

---

[61]) Der Diebstahl kann nur vorsätzlich begangen werden. *Ullmann* § 1.
[62]) *Bg.* Normen II 550.
[63]) *Merkel* in HH. 647 d.

2. dafs das Aneignen (und das Wegnehmen) [64] widerrechtlich sei,

3. dafs die Sache in fremdem Gewahrsam steht,

4. dafs die Sache in fremdem Eigentum steht.

So wenig nun die beiden ersten Punkte prinzipielle
Schwierigkeiten bereiten können, so zweifelhaft sind die übrigen.
Nach den allgemeinen Grundsätzen mufs der Thäter also das
Bewufstsein haben, [65] dafs die Sache, die er wegnimmt, eine
„fremde" ist, eine fremde im Gegensatz zu seiner eigenen und
zu einer herrenlosen. Wer im Walde einen vom Förster
zum Zweck späterer Abholung versteckten Rehbock findet
und ihn in der Meinung, es sei ein Stück Fallwild, wegnimmt, kann nicht nach § 242 bestraft werden, denn er
hielt die Sache für eine herrenlose, also nicht für eine
„fremde".

Eine konsequente Durchführung dieses Grundsatzes würde
eine Bestrafung wegen Wasserdiebstahls ziemlich illusorisch
machen. Es hatte vorhin einer eingehenden civilrechtlichen
Untersuchung bedurft, um den Nachweis zu führen, in welchen
Fällen Wasser eine „fremde" Sache sei und wann nicht. Es
ist daher unmöglich, diese Kenntnis bei den betreffenden Angeklagten behaupten zu wollen. In den allermeisten Fällen
macht sich der Thäter überhaupt gar keine Vorstellung über
diesen Punkt; er weifs zwar, dafs seine Handlung unerlaubt
ist, ob er damit aber nur einen Eingriff in ein ausschliefsliches
Okkupationsrecht begeht oder einen Diebstahl, liegt seinem
Vorstellungsvermögen so unendlich fern, dafs in vielen Fällen
nicht einmal eine spätere Belehrung diesen Unterschied zum

---

[64]) Bestritten.

[65]) Allerdings braucht der Thäter nicht die Vorstellung zu haben.
zu „stehlen". Der Vorsatz umfafst die Handlung als ein sinnfälliges Er-
eignis, nicht aber in ihrer rechtlichen Bedeutung. Ob der Thäter seine
Handlung dem richtigen Strafgesetz subsumiert oder nicht, ist gänzlich
irrelevant.

Bewußtsein bringen würde. Jedenfalls dürfte bis auf wenige Fälle der erforderliche Nachweis, daß der Thäter die Natur des Wassers als einer fremden Sache gekannt habe, durchaus scheitern.

Ganz ebenso ist es aber auch bei der Bestrafung der Wegnahme solcher Sachen, die einem ausschließlichen Okkupationsrecht unterworfen sind (z. B. jagdbarer Tiere, Fischen), die bald nach § 242, bald nach den betreffenden Sonderbestimmungen erfolgt, je nachdem die Sachen noch herrenlos waren oder schon „fremde". Jagen in einem Wildpark ist Diebstahl, ebenso Fischen in einem geschlossenen Gewässer; ist der Park oder das Gewässer nicht völlig geschlossen, so liegt kein Diebstahl vor. Wie soll sich in diesen Fällen der ungebildete Thäter den Unterschied vorgestellt haben, zu dessen Feststellung es bisweilen langwieriger Untersuchung bedarf? Wie soll man es z. B. einem masurischen Bauer auch nur klar machen, daß in dem einen See Fischen Diebstahl ist, in dem andern, der einen unterirdischen Abfluß hat, dagegen nicht? Auch in diesen Fällen wird also eine Anwendung des § 242 durchaus unmöglich, wenn man die allgemeinen Grundsätze der Lehre vom Vorsatz durchführen wollte.

Da die Resultate für die Praxis dann durchaus unbefriedigende werden würden, so ist man, ohne diese Abweichung wissenschaftlich begründet zu haben, in gewissen Fällen von den allgemeinen Grundsätzen abgegangen. Eine übereinstimmende Praxis des Reichsgerichts verlangt von dem Thäter nicht das Bewußtsein, daß die Sache eine „fremde" ist, sondern es genügt ihr, wenn derselbe die thatsächlichen Umstände kannte, welche die Sache zu einer „fremden" machen. Wer in einem Wildpark jagt, wird wegen Diebstahls bestraft, ohne weitere Untersuchung, ob der Thäter wußte, daß durch Eingattern Wild aufhört, herrenlos zu sein oder nicht. Wer in einem Teich oder See fischt, wird wegen unbefugten Fischens, Unterschlagung oder Diebstahl [66]) bestraft je nach den oft schwer zu beurteilenden Verhältnissen, aber ohne Rücksicht darauf, ob der Fischende die juristische Natur kannte oder nicht.

Dementsprechend kommt es auch gar nicht darauf an, dafs der Wasserdieb Kenntnis davon hatte, dafs z. B. das zur Bewässerung dienende Kanalwasser in fremdem Eigentum steht oder nicht; es genügt vielmehr, dafs er es bewufst widerrechtlich abliefs. Sobald daher eine civilrechtliche Untersuchung die Natur des weggenommenen Wassers als einer fremden Sache festgestellt hat, ist die unbefugte Entnahme desselben (in der Absicht rechtswidriger Zueignung) als Wasserdiebstahl zu bestrafen.

§ 8.

In dem speziellen Fall des Wasserdiebstahls, wenn zur Bewässerung dienendes Wasser abgeleitet ist, kann es zu einer Kollision von Strafbestimmungen kommen.

In denjenigen Staaten nämlich, in denen besondere Polizeigesetze das unbefugte Ableiten von Bewässerungswasser als Feldfrevel ahnden [67]), fällt der Thatbestand der deliktischen Handlung sowohl unter dies Polizeigesetz, als unter § 242 StGB., es konkurrieren also die Sonderbestimmung des Landesrechts und die allgemeine des Reichsrechts miteinander. Die Gegensätze von gemeinem und partikularem, von allgemeinem und besonderem Recht sind hier verbunden, lex generalis [68]) und lex specialis sind Ausflüsse verschiedener Rechtsquellen.

---

[66]) Vgl. *Rotering* im GS. 35. 560.
[67]) Vgl. § 4.
[68]) *Bg.* 1. 346.

Es können daher nicht ohne weiteres die allgemeinen Grundsätze geltend gemacht werden, nach denen sich die Konkurrenz innerhalb des RStGB. regelt, es ist vielmehr zunächst das Verhältnis von Reichs- und Landesstrafrecht zu berücksichtigen und die Frage zu erörtern, ob und wie weit überhaupt partikuläres Recht Geltung gegenüber dem Reichsrecht beanspruchen kann.

Die Frage ist hier von ausschlaggebender Wichtigkeit Entweder darf die Spezialbestimmung des landesrechtlichen Polizeigesetzes angewendet werden nur solange, als der Thatbestand eines reichsstrafgesetzlichen Paragraphen nicht erfüllt ist, oder sie behält auch diesem gegenüber Geltung. In dem letzteren Falle wäre der in Frage stehende Fall des Wasserdiebstahls z. B. in Preufsen nach § 31 der Feldpolizeiordnung zu bestrafen, in dem ersteren nach § 242 RStGB.

Die Frage nach dem Umfang eines dem Reichsrecht gegenüber besonderen Partikularrechtes ist eine sehr bestrittene infolge der deutungsfähigen Fassung von § 2 des Einführungsgesetzes zum RStGB. Die Meinungsverschiedenheiten basieren auf der Interpretation der beiden ersten Absätze von EG. § 2 in ihrem Verhältnis zu einander, und abgesehen von einzelnen Abweichungen lassen sich zwei Ansichten feststellen, die schroff einander gegenüberstehen.

Übereinstimmung herrscht zwar im wesentlichen [69]) darüber, dafs die „besonderen Vorschriften des Landesstrafrechts" solche sind, die „Materien betreffen, welche nicht Gegenstand des RStGB. sind", dafs also insoweit der zweite Absatz nur eine Wiederholung des ersten darstellt. Dagegen ist die Be-

---

[69]) Vgl. *Bg.* 293 N. 9. — A. M. nur *H.* und besonders *Meves* in der Allg. Deutschen Strafrechtszeitung 1871 S. 543 ff. S. 546: „Nach zwei Seiten soll, wie EG. § 2 bestimmt, dem schon bestehenden Landesstrafrecht das Recht der ferneren Existenz eingeräumt werden, nämlich einesteils bei den Materien, die nicht Gegenstand des RStGB. geworden sind und anderenteils im Bereiche des Spezialgesetzes."

deutung der mit „namentlich" aufgeführten Vorschriften Gegenstand der Kontroverse.

Die eine Ansicht behauptet, dafs die angeführten Spezialgesetze nur als Beispiele auf derselben Stufe mit den andern Vorschriften ständen, und dafs also auch diese besonderen Vorschriften nur soweit bestehen, als sie Materien betreffen, die nicht Gegenstand das RStGB. sind. Die andere Ansicht, welcher auch die neueste Bearbeitung dieser Frage sich angeschlossen hat [70]), schreibt der Bestimmung des zweiten Absatzes eine über die Exemplifikation hinausreichende Bedeutung zu. Es sei nämlich gesetzlich deklariert, dafs alle „namentlich" aufgeführten Materien nicht Gegenstand des RStGB. seien, dafs also alle Vorschriften dieser Gesetze, wenn auch nicht thatsächlich, so doch nach dem Willen des Gesetzgebers [71]) solche seien, welche das Reichsrecht neben sich dulde. Thatsächlich habe das Reichsrecht auf diesen Gebieten nur subsidiäre Geltung, sodafs das Landesrecht hier mit dem Reichsrecht kollidierende Vorschriften aufrecht erhalten und aufstellen könne. [72]) — Hält man daran fest, dafs die „besonderen Vorschriften" des Absatzes 2 nur dasselbe bezeichnen, wie im Absatz 1 „Materien, die nicht Gegenstand des RStGB. sind", so ist entscheidend für die kontroverse Auffassung der „namentlich" aufgeführten Spezialgesetze die Untersuchung darüber, ob diese Spezialgesetze ebenfalls als „besondere Vorschriften" in besagtem Sinne aufgefafst werden können oder nicht. Behandeln auch diese nur Materien, die nicht Gegenstand des RStGB. sind, so verliert damit die Meinung, die ihnen eine über die Exemplifikation hinausgehende Bedeutung zuschreibt,

---

[70]) *Seuffert* in *v. L. G.* 56.

[71]) „Durch gesetzliche Fiktion" *Bg.* 1. 337.

[72]) Es ist zweifellos, dafs der Zeitpunkt des Erlasses der Landesgesetze hier völlig irrelevant sein mufs; ob sie schon vor dem RStGB. bestanden, oder erst nachher erlassen sind, bleibt für den unter Strafe gestellten Thatbestand gleichgültig. A. M. nur *H.* 1. 100.

jeden Grund; sie sind dann eben — der Wortlaut weist darauf hin — nur Beispiele für besondere Vorschriften, und auch in diesen Gebieten gilt das Reichsrecht unbedingt, das Landesrecht nur soweit, als es Lücken auszufüllen vermag. Wenn umgekehrt die angeführten Vorschriften sich nicht mit den übrigen Vorschriften auf eine Stufe stellen lassen, so können sie auch nicht nur als Beispiele betrachtet werden, und man hat dann wohl volle Berechtigung, wenn man ihnen eine exemte Stellung einräumt.

Diese letztere Anschauung wird hauptsächlich vertreten durch *Binding* [78]), der darauf hinweist, dafs viele von den allgemein als bestehend anerkannten Feld- und Forstpolizeigesetzen Verletzungsthatbestände enthalten, die Entwendungen, Sachbeschädigungen etc. darstellen, also solche, die auch das RStGB. kennt. Besonders führt er auch noch den Holzdiebstahl als eklatanten Beweis für seine Behauptung an.

Dagegen wird von der anderen Seite darauf hingewiesen, dafs die Delikte der in Frage kommenden Spezialgesetze in der Volksanschauung und von je her in der Gesetzgebung thatsächlich von den allgemeinen Thatbeständen ausgeschieden sind und ihnen eine Sonderstellung eingeräumt wurde. Auch der Holzdiebstahl war von je her etwas wesentlich anders als der Diebstahl, „mit dem er nur den Namen gemein hat." [74])

Die Ansichten stehen sich also unvereinbar gegenüber und auf Grund der Thatsache, das sowohl *Olshausen,* [75]) wie *v. Liszt* [76]) die gegenteilige Ansicht des andern als die herrschende bezeichnet, kann man wohl die Frage als eine offene betrachten.

Abgesehen von den theoretischen Erwägungen wird man aber wohl jener Anschauung beipflichten müssen, welche das

---

[78]) S. 1. 346.
[74]) v. L. 78.
[75]) S. 14.
[76]) S. 78. Anm. 4.

Partikularrecht soweit einschränkt, wie nur irgend möglich;
die Konsequenz der gegenteiligen Anschauung, dafs gewisse
Handlungen in einzelnen Bundesstaaten nach deren Spezialgesetz, in andern dagegen, wo ein solches nicht besteht, nach
dem RStGB. zu bestrafen sind, kann als eine erfreuliche nicht
bezeichnet werden. Wohl kann Veranlassung sein, ein und dieselbe Handlung an einem Ort straflos zu lassen, an dem andern
dagegen mit der gelinden Strafe eines Partikulargesetzes zu ahnden und so den lokalen Bedürfnissen Rechnung zu tragen, aber
durchaus ist es nicht zu billigen, dafs eine Handlung, welche das
StGB. als Vergehen qualifiziert, durch partikulare Bestimmung
mit Übertretungsstrafe belegt wird; es kann dem Rechtsgefühl
nicht entsprechen, dafs jemand, wie in dem in Frage stehenden
Fall, in Bayern wegen Diebstahls mit Gefängnis bestraft zum
„unehrlichen Mann" wird, in Preufsen dagegen für ganz dieselbe Handlung nur einige Mark Geldstrafe erhält.

Bei dem Wasserdiebstahl würde es auch den Intentionen
des Gesetzgebers durchaus zuwider laufen, wollte man statt
§ 242 StGB. die mildere partikulare Bestimmung in Anwendung bringen. Bei der Aufnahme dieser Bestimmung in die
Feldpolizeigesetze war die Anschauung vertreten, dafs ein
derartiges Ableiten von Bewässerungswasser nach dem StGB.
überhaupt nicht strafbar sei und dieser Anschauung verdankt
§ 31 des preufsischen Feldpolizeigesetzes,[77]) der für die übrigen
Staaten vorbildlich geworden ist, seine Entstehung. Nicht um
den Wasserdiebstahl als qualifizierten milder zu strafen, sondern
um eine sonst straflos bleibende, aber sehr strafwürdige Handlung zu ahnden,[78]) wurde jene Bestimmung, wie die Motive
zum Regierungsentwurf der preufsischen Feldpolizeiordnung er-

---

[77]) Resp. der gleichlautende § 45 der preufs. FPO. von 1847.
[78]) Das Braunschweiger Polizeistrafgesetzbuch bestimmt die Sub-
sidiarität ausdrücklich.

geben, [79]) eingefügt. Es entspricht daher nur ebenso sehr den gesetzgeberischen Intentionen, wie den Anforderungen einer einheitlichen Rechtsprechung, wenn die Ableitung von zur Bewässerung dienenden Wasser, sobald damit der Thatbestand des § 242 RStGB. gegeben ist, nicht nach den partikularen Spezialgesetzen, sondern nach dem Reichsgesetz bestraft wird.

Daher ist Wasserdiebstahl stets nach § 242 RStGB. zu bestrafen.

---

[79]) Diese Thatsache kann m. E. als Stütze der *v. Liszt*'schen Interpretation verwendet werden.

Aus den Motiven geht mit Sicherheit hervor, dafs das Spezialgesetz (§ 31) als subsidiäres von den legislativen Organen gewollt war. Sobald sonst ein Gesetz erlassen ist, welches als spezielles dem allgemeinen vorgehen würde, das aber nur für diejenigen Fälle bestimmt ist, welche das StGB. nicht umfafst. so wird die Auslegung stets dadurch sichergestellt, dafs die subsidiäre Natur der Bestimmung ausdrücklich betont wird, z. B. Strandungsordnung § 31 („sofern nicht nach allgemeinen Strafgesetzen eine härtere Strafe verwirkt ist"), Viehseuchengesetz § 65 u. a. Wenn nun die Bestimmung des § 31 der FPO. als subsidiäre zweifellos gewollt ist, ein besonderer Hinweis darauf aber nicht gegeben wurde, so erscheint der Schlufs notwendig, dafs mit Rücksicht auf die allgemeinen Geltungsgrundsätze der Feldpolizeiordnung gegenüber dem Reichsstrafgesetzbuch ein derartiger Hinweis für notwendig nicht erachtet wurde, dafs also das Landesgesetz als notwendig subsidiäres betrachtet ist. Die Anschauung der legislativen Organe Preufsens stimmt also mit der von *von Liszt* vertretenen Anschauung durchaus überein.